자두의 과학일기

자두의 과학일기 [동물편]

2016년 1월 30일 초판 1쇄 발행
2023년 1월 30일 초판 10쇄 발행

글 | 서지원
그림 | 이형진

발행인 | 정동훈
편집인 | 여영아
편집 | 김지현, 김학림, 김상범, 변지현
미술 | 김지수
제작 | 김종훈
발행처 | (주)학산문화사
등록 | 1995년 7월 1일 제3 – 632호
주소 | 서울시 동작구 상도로 282
전화 | (편집)02-828-8873, 8823 (주문)02-828-8962
팩스 | 02-823-5109
http://www.haksanpub.co.kr

ⓒ이빈, 서지원, 이형진 2016
ISBN 979-11-256-5032-4 74400
　　　979-11-256-5033-1 (세트)

※KC마크는 이 제품이 공통안전기준에 적합하였음을 의미합니다.
※이 책은 저작권법에 따라 한국 내에서 보호받는 저작물이므로 무단 전재와 무단 복제를 금합니다.
　이 책의 전부 또는 일부를 이용하려면 반드시 저작권자와 출판사의 동의를 받아야 합니다.
※잘못된 책은 바꾸어 드립니다.

자두가 가장 궁금해하는
동물 상식 25가지

자두의 과학일기

[동물편]

채우리

[머리말]

자두와 함께
아인슈타인이 되어 보세요

아인슈타인은 모르는 사람이 없을 만큼 세계적인 천재지요.
아인슈타인은 우주의 비밀을 알아낸 위대한 인물로 역사에
기록되고 있어요.
그런데 아인슈타인이 여러분만큼 어렸을 때도 천재였을까요?
아니에요. 그렇지 못했어요. 선생님은 아인슈타인을 공부를
못하는 아이라고 하셨지요. 왜냐하면, 아인슈타인이 자꾸
궁금한 걸 물어봤기 때문이지요.
"동물은 언제부터 지구에 생겼어요?"
"식물은 왜 동물처럼 돌아다니지 않아요?"
"새는 왜 알에서 태어나고, 송아지는 왜 새끼로 태어나요?"
자두처럼 아인슈타인도 선생님만 만나면 졸졸 따라다니며
질문을 해 댔어요. 선생님은 처음 한두 번은 대답해 주었지만,

점점 짜증이 나서 아인슈타인만 보면 도망을 갈 정도였지요.
사실, 선생님도 잘 모르는 질문을 아인슈타인이 했기 때문이에요.
나중에 어른이 된 아인슈타인을 기자가 만나 인터뷰했어요.
어떻게 하면 천재가 될 수 있는지를 물었지요.
그러자 아인슈타인은 이렇게 대답했어요.
"난 머리가 좋은 사람이 아니에요. 하지만 궁금한 게 있을 때마다
그냥 넘어가지 않고 다른 사람보다 더 오래 생각하고,
꼭 알아내려고 노력했지요."

과학 천재가 되는 방법, 바로 이것입니다!
여러분도 아인슈타인처럼 이 세상에 대해 호기심을 갖고
그 호기심을 끝까지 해결하도록 노력해 보세요.
말괄량이 자두와 함께 생활 속에서 궁금한 걸 찾아 과학 일기에
적어 두세요. 그러면 작은 것 하나도 놓치지 않을 거예요.
관찰하고, 기록하세요. 과학 일기는 여러분의 꿈을
과학자로 키워 줄 거예요.

서지원

차례

1장
자두는 동물일까?

살아 있으면 다 생물? · 10
생물의 조건은 무엇일까?

동물이면 다 동물이지! · 14
동물의 종류는 어떻게 나눌까?

엄마는 잔인해! · 18
곤충도 아픔을 느낄까?

우리 집은 뼈대 있는 집안이야! · 22
뼈가 있는 동물에겐 특징이 있다고?

오징어는 외계인? · 26
뼈가 없는 동물도 있다고?

달걀을 조심해! · 30
엄마에게 태어난 태생, 알에서 태어난 난생

내 비상금이 사라졌어 · 34
이제는 볼 수 없는 동물들

2장
동물이 사는 환경과 먹이

더웠다가 추웠다가 못 살겠네! · 40
동물은 어떻게 추위와 더위를 견딜까?

아프리카에 가고 싶어! · 44
열대 우림과 초원은 왜 동물의 천국일까?

인어공주를 만날 테야! · 48
바다엔 어떤 동물이 살까?

자두는 편식쟁이! · 52
동물은 무엇을 먹을까?

우리 집 먹이 사슬 · 56
먹이 사슬이란 무엇일까?

불가사리는 어떻게 먹이를 먹을까? · 60
바다의 포식자, 불가사리

3장
동물의 행동과 의사소통

동물들도 돕고 산다고? · 66
협력하는 동물, 얹혀사는 동물

나한테도 무기가 있어! · 70
동물은 어떻게 자기를 지킬까?

혀를 깨물어서! · 74
독사가 자기 혀를 깨물면 어떻게 될까?

거미줄 때문이야! · 78
거미는 왜 거미줄에 안 걸릴까?

애기의 신비한 능력 · 82
동물끼리는 어떻게 이야기할까?

우두머리 자두 · 86
동물들은 왜 우두머리를 따를까?

4장
생물의 진화와 짝짓기

딸기 VS 자두 · 92
동물은 언제 생겨났을까?

오리인 듯 너구리인 듯 · 96
오리너구리는 왜 그렇게 생겼을까?

이모의 결혼 · 100
동물은 어떻게 짝짓기를 할까?

왜 나만 물어! · 104
모기가 좋아하는 사람이 따로 있어!

불쌍한 하루살이 · 108
하루살이는 정말 하루만 사는 걸까?

외국에서 왔다고? · 112
생태계를 위협하는 외래종

1장 자두는 동물일까?

01 **살아 있으면 다 생물?**
생물의 조건은 무엇일까?

02 **동물이면 다 동물이지!**
동물의 종류는 어떻게 나눌까?

03 **엄마는 잔인해!**
곤충도 아픔을 느낄까?

04 **우리 집은 뼈대 있는 집안이야!**
뼈가 있는 동물에겐 특징이 있다고?

05 **오징어는 외계인?**
뼈가 없는 동물도 있다고?

06 **달걀을 조심해!**
엄마에게 태어난 태생, 알에서 태어난 난생

07 **내 비상금이 사라졌어**
이제는 볼 수 없는 동물들

[생물이란 무엇일까]

살아 있으면 다 생물?

6월 3일 금요일

꽃밭에 장미꽃이 피었다. 예뻐서 한 송이를 꺾었는데, 그걸 본 민지가 나에게 "네가 꽃을 죽였어!"라고 외쳤다. 꽃은 강아지나 고양이처럼 살아 있는 게 아닌 줄 알았는데 민지는 꽃도 생물이라고 했다. 그럼 나는 꽃을 죽인 무시무시한 악당이 되는 거잖아!
악, 갑자기 내가 우주 제일 악당이 된 것만 같아서 미안해졌다.
꽃들아, 미안해. 풀들아, 미안해. 나무야, 발로 뻥 차서 정말 미안했어. 그런데 살아 있다는 건 뭘까?

알짜배기 과학 상식

생물의 조건은 무엇일까?

지구에 살고 있는 모든 것을 '생물'이라고 해. 나무나, 꽃, 풀 같은 식물은 물론이고 개, 고양이, 코끼리, 돼지, 사자 같은 동물, 그리고 눈에 보이지 않을 정도로 작은 미생물까지 모두 생물에 속한단다. 생물은 간단히 말해서 살아 있는 것이라고 할 수 있어. 살아 있는 것을 생물이라고 하고, 그 외의 것을 무생물이라고 하지. 생물은 모두 세포로 이루어져 있어.

세포가 뭔데요?

세포란 생물의 몸을 이루는 가장 작은 단위지. 세포 안에는 미토콘드리아, 엽록체, 소포체 등 여러 작은 세포 기관이 들어 있어.

미, 미토콘 뭐라고요? 너무 복잡하다!

이 세상 모두 생물로 꽉 찬 거 아냐?

세포 기관은 생물이 살아가는 데 필요한 여러 가지 일을 한단다. 우리 몸에서 필요한 에너지를 만들어 내는 일도 모두 세포 기관이 한단다.

생물은 '단세포'와 '다세포'로 나눌 수 있어. 세포가 하나로 이뤄진 것을 단세포라고 하고, 세포가 여러 개 모여 있는 것을 '다세포'라고 하지. 동물이나 식물 등 눈에 보이는 크기의 생물은 대개 다세포 생물이란다.

세포는 무슨 일을 해요?

세포는 물질대사라는 걸 해. 몸 밖으로부터 각종 물질을 받아 몸에 필요한 물질을 만들고, 몸 안의 물질을 분해해서 몸 밖으로 버리는 걸 물질대사라고 하는 거란다.

또 생물은 빛, 열, 소리 등에 반응을 하는 것이 특징이란다. 생물은 자기랑 똑같은 개체를 만들 수 있는 능력도 있어.

8월 30일 화요일

엄마는 동물을 곤충, 조류, 포유류, 양서류, 파충류로 나눌 수 있다고 했다. 그런데 아빠는 동물을 척추동물과 무척추동물로 나눌 수 있단다. 선생님은 동물을 초식 동물이랑 육식 동물이랑 잡식 동물로 나눈다고 했는데……. 그냥 마음대로 나눠 놓고 나한테 아는 척하려고 말을 하는 게 아닐까? 엄마도, 아빠도, 선생님도 한 입으로 두 말 하는 것 같아서 의심스럽다. 도대체 누구 말을 믿어야 하는지 모르겠다. 그런데 동물은 어떻게 구분하는 걸까?

알짜배기 과학 상식

동물의 종류는 어떻게 나눌까?

동물의 종류는 셀 수 없이 많아. 사람들은 이 많은 동물들을 구분하려고 여러 가지 기준을 만들었어.

어떤 사람들은 동물을 땅에 사는 동물이랑 하늘에 사는 동물, 바다에 사는 동물로 나누어 보았지.

또 풀을 먹는 동물이랑 다른 동물을 잡아먹는 동물, 그리고 풀과 다른 동물을 둘 다 먹을 수 있는 동물로 나누기도 했지. 또 암컷과 수컷이 짝짓기를 해야 새끼를 낳을 수 있는 동물이랑 혼자서도 새끼를 낳을 수 있는 동물로 종류를 나누기도 하지.

그럼 동물은 알을 낳는 동물이랑 알 말고 새끼를 낳는 동물로도 나눌 수 있겠네요?

그렇지.

색깔이 비슷한 동물끼리는 나눌 수 없나요? 아니면 사탕을 좋아하는 동물이랑 싫어하는 동물, 이렇게요!

동물의 색깔은 아주 다양해서 그러면 종류가 너무 많아지게 되잖니. 그리고 동물마다 좋아하는 게 다르니까 사탕을 좋아하느냐 아니냐를 갖고는 종류를 나누기가 어렵겠지?

종류를 나눌 때 기준은 아주 명확해야 해.
특징이 같다든지, 조상이 같다든지, 척추가 있느냐 없느냐, 체온을 유지할 수 있느냐 없느냐 하는 것처럼 말이야. 우리가 알고 있는 동물의 종류들은 세계 여러 학자들이 오랫동안 연구해서 어디서든 통할 수 있는 기준으로 나눠 놓은 것이란다.
일반적으로 가장 흔하게 동물을 나누는 방법은 척추가 있느냐 없느냐란다. 등뼈인 척추가 있으면 척추동물, 등뼈인 척추가 없으면 무척추동물이라고 하지.

식물만 먹어

[곤충의 감각 기관]

엄마는 잔인해!

피자를 먹고 있는데 바퀴벌레 한 마리가 지나가는 게 보였다. 엄마가 바퀴벌레를 때려잡았다. 바퀴벌레가 완전히 찌그러져 죽고 말았다. 나는 바퀴벌레가 불쌍해서 눈물이 났다. 얼마나 아팠을까! 그런데 엄마는 바퀴벌레는 아픔을 못 느끼니까 괜찮다고 한다.

그게 정말이라 하더라도 바퀴벌레가 불쌍하다. 하필 우리 집에 들어와서 엄마한테 맞아 죽고 말다니! 그런데 정말 곤충은 아픔을 느끼지 못하는 걸까?

알짜배기 과학 상식

곤충도 아픔을 느낄까?

사람은 조금만 다쳐도 아프다는 걸 느끼지. 하지만 곤충은 아픔을 느끼지 못해. 그건 곤충의 뇌와 사람의 뇌가 다르기 때문이란다.

사람은 뇌가 아주 발달해 있어. 만약 우리가 다리를 다치면 신경이 뇌에게 다리가 아프다는 신호를 보내고, 그 신호를 받은 뇌는 아픔을 느끼게 만들어.

그런데 곤충의 뇌는 이런 신경을 주고받는 기능이 많이 떨어져 있어. 사람의 뇌는 생체의 모든 것을 종합해서 판단하고 조절하지만, 곤충의 뇌는 그렇지 않아.

간혹 짓궂은 아이들이 개미의 허리를 반으로 자르는 장난을 하곤 하지. 그래도 개미는 아픔을 느끼지 못해. 그래서 자기가 죽어 간다는 것도 모르고 하던 일을 계속한단다.

메뚜기 잡다 팔 부러지겠어. 아야야~!

그게 좋은 건가요, 나쁜 건가요?

　그렇다고 곤충이 아예 감각을 느끼지 못하는 것은 아니야. 곤충의 발톱, 더듬이, 생식기 같은 부위에는 감각을 느낄 수 있는 세포들이 있단다. 하지만 감각을 느낄 수 없는 부분은 만지거나 꼬집어도 아픔을 잘 느끼지 못하지.

　비록 곤충은 뇌가 발달하지 못해서 아픔을 잘 느끼지 못하지만, 사람의 뇌 못지않게 중요하고 예리한 부분이 있어. 그곳은 바로 곤충의 더듬이란다.

　더듬이는 곤충의 뇌보다 더 발달한 감각 기관이란다. 더듬이는 먹이의 위치나, 적의 위치를 파악할 때, 적의 공격을 느끼고 방어할 때, 움직일 때 방향을 잡는 역할을 하지. 곤충은 머리에 붙어 있는 홑눈으로 앞을 보긴 하지만 더듬이가 없으면 눈으로 본 것의 위치나 크기, 특성을 제대로 파악할 수가 없단다.

[척추동물]

우리 집은 뼈대 있는 집안이야!

아빠가 우리 집안은 아주 뼈대 있는 집안이랬다. 우리 집은 할아버지의 할아버지의 할아버지가 높은 벼슬을 했던 집안이라는 것이다. 사람은 다 동물이라고 했다. 뼈대 있는 동물은 척추동물이다. 그러면 벼슬을 못한 집안의 사람들은 뼈대가 없는 무척추동물이 되는 셈이다. 대표적인 무척추동물이 지렁이라고 했으니까……. 그 사람들의 조상은 지렁이가 되는 건가? 음, 우리 조상은 사람이라 다행이다. 그런데 뼈가 있는 동물과 뼈가 없는 동물은 어떻게 다를까?

알짜배기 과학 상식

뼈가 있는 동물에겐 특징이 있다고?

동물은 척추가 있는지 없는지에 따라 분류한다고 했지? 척추는 등에 있는 커다란 등뼈야. 척추가 있으면 척추동물이라고 하고 척추가 없으면 무척추동물이라고 한단다. 척추동물로는 포유류와 조류, 파충류, 양서류, 어류 등이 있어. 척추동물은 전 세계에 약 4만 2천여 종이 있단다.

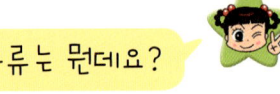

포유류는 먼데요?

젖을 먹여 새끼를 키우는 동물을 포유류라고 해.
포유류는 머리가 큰 게 특징이지. 그리고 아주 똑똑하단다.
개, 돼지, 호랑이, 소, 원숭이 등은 모두 포유류야.

그렇다면 사람도 포유류인가요?

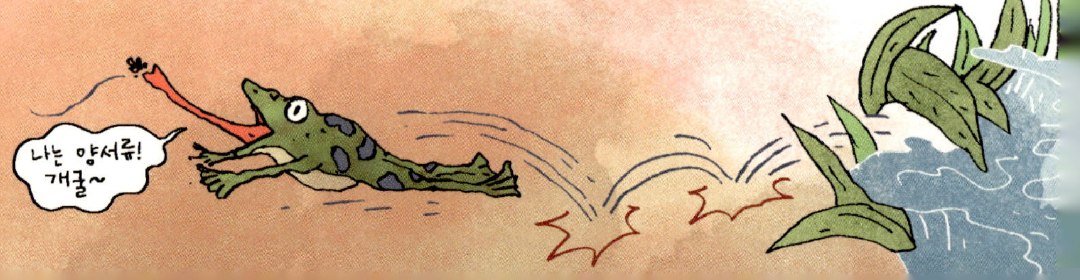

그래, 사람도 포유류이지.

파충류는 비늘이 있는 건조한 피부로 뒤덮여 있는 냉혈 동물이야. 냉혈 동물이란, 스스로 체온을 조절하는 능력이 없어서 바깥 온도에 따라 체온이 달라지는 동물을 말해. 날씨가 추워지면 체온이 내려가고 날씨가 더워지면 체온이 올라가는 거지. 파충류에는 뱀, 거북, 악어, 도마뱀 등이 있단다. 또 어려서는 물에서 살고, 커서는 땅에서 사는 냉혈 동물을 양서류라고 해.

양서류는 폐 말고도 아주 특별한 곳으로 숨을 쉴 수 있단다. 어디로 숨을 쉬게?

음…, 똥구멍?

땡, 양서류는 피부를 통해 숨을 쉬어. 그래서 어릴 때는 물에서 살고, 커서는 땅에서 살 수 있는 거란다. 개구리, 두꺼비, 도롱뇽 등이 양서류이지.

조류는 날개와 부리가 있는 '새'를 말해. 어류는 우리가 흔히 '물고기'라고 부르는 것들을 말하지.

[무척추동물]

오징어는 외계인?

9월 26일 월요일

미미한테 오징어는 사실 외계인이라고 뻥을 쳤다. 뼈가 없이 살 수 있는 건 외계인밖에 없다고 했더니 미미가 그 말을 정말 믿기 시작했다.

미미는 앞으로 오징어는 절대로 안 만질 거고, 안 먹을 거라며 울었다. 오징어처럼 뼈가 없는 조개랑 문어도 외계인 사촌이라고 말해 줘야겠다. 앗싸! 앞으로 오징어 튀김은 내가 전부 다 먹을 수 있다. 그런데 어떤 동물이 뼈가 없는 걸까?

알짜배기 과학 상식

뼈가 없는 동물도 있다고?

무척추동물은 척추동물과는 비교할 수 없을 만큼 종류가 많단다. 지구에 살고 있는 동물 가운데 무려 96%가 무척추동물이지.

> 어? 우리 주변에는 뼈가 있는 동물들이 대부분인 것 같은데!

> 무척추동물에는 극피동물, 절지동물, 연체동물, 환형동물, 편형동물, 강장동물 등이 있어. 어때? 종류도 아주 많고, 개체 수도 어마어마하지?

절지동물은 딱딱한 껍질이 온몸을 둘러싸고 있고, 몸에 마디가 있는 동물이란다. 사슴벌레, 잠자리 같은 곤충류와 새우, 게 같은 갑각류 등이 모두 절지동물에 속하지.

> 거미도 여러 마디로 된 절지동물이지.

> 악, 징그러워!

> 난 절지동물이야. 덤벼 볼래?

> 난 대표적인 환형동물!

내가 바로 연체동물. 전속력으로 피해라!

환형동물은 더 징그러울 텐데. 껍질도 없고 눈도 없고, 다리도 없잖아.

에이, 그런 동물이 어디 있어요?

지렁이가 가장 대표적인 환형동물이지. 갯지렁이나 거머리도 환형동물에 속한단다.

연체동물은 달팽이나 조개처럼 딱딱한 껍질로 몸을 보호하고 있는 것도 있고, 문어나 오징어, 낙지나 꼴뚜기처럼 부드러운 살로만 이뤄진 것도 있지.

편형동물은 입과 항문이 따로 구분되어 있지 않은 동물을 말해. 플라나리아, 촌충 등이 여기에 속하지.

강장동물은 다세포동물이지만 몸의 구조가 아주 간단해서 배설 기관이 따로 없는 동물을 말해. 해파리, 산호, 말미잘 같은 것이 여기에 속하지.

또 가시가 있는 껍질을 지닌 동물을 극피동물이라고 하는데 성게나 불가사리, 해삼 등이 여기에 속한단다.

난 편형동물!

난 식목이 완성한 극피동물!

난 촉수가 있는 강장동물!

[난생과 태생]

달걀을 조심해!

주몽은 알에서 태어났다….

자두야, 슈퍼 가서 달걀 좀 사와. 프라이 해 먹게.

안 돼요, 절대로 안 돼!

알에서도 사람이 태어난다고요! 그러니까 앞으로 달걀 프라이는 금지야!

절대 금지!

10월 4일 화요일

동화책을 읽다가 박혁거세랑 주몽이 알에서 태어났다는 걸 알았다.
엄마가 커다란 알을 낳게 되었고, 나중에 그 알에서 아기가 나왔다는 것이었다.
진작 이 사실을 알았더라면 달걀을 먹지 않았을 텐데, 어쩌면 사람으로 태어날 수도 있는 알들을 먹어치웠다는 게 너무 미안했다.
앞으로는 절대 달걀을 먹지 말아야겠다. 친구들에게도 이 사실을 알려 줘야지. 그런데 사람이 정말 알에서 태어날 수 있는 걸까?

알짜배기 과학 상식

엄마에게 태어난 태생, 알에서 태어난 난생

사람이 알에서 태어날 수 있을까, 없을까? 정답부터 말하자면 절대 그럴 수 없어.

사람이나 개, 고양이 같은 포유류는 엄마의 배 속에서 새끼를 키우고, 물고기, 새, 거북, 악어, 오리너구리는 알을 낳지.

엄마의 배 속에서 새끼를 기르는 것을 '태생'이라고 해. 또 알을 이용해 새끼를 키우는 것을 '난생'이라고 하지. 태생인 동물들은 젖을 먹고 자라고, 난생인 동물들은 젖을 먹지 않아. 물고기, 양서류, 파충류, 새 그리고 대부분의 곤충, 일부 연체동물과 거미 같은 것들이 난생으로 태어나지.

엄마

젖을 먹는다는 것과 먹지 않는다는 것 말고 태생과 난생의 또 다른 차이점은 뭐예요?

알에서 나가자마자 뛸 수 있게 다 커서 나가야 해!

엄마 어딨어, 배고파~!

[동물의 멸종]

내 비상금이 사라졌어

10월 14일 금요일

어떤 생물이 이 세상에서 영영 사라져 버리는 걸 멸종이라고 한다고 했다. 그러면 만약 내가 죽으면 '최자두 멸종'이라고 해야 하는 걸까? 그런데 엄마는 세상 사람 모두가 사라지는 게 아니니까 멸종이라는 말을 쓰면 안 된다고 했다. 이제 두 번 다시 볼 수 없고, 친구도, 친척도 모두 사라져 버린 동물이나 식물에게만 멸종이라는 말을 쓴다는 것이다. 그런데 겨우 어떤 종 하나가 멸종이 됐다고 이 커다란 생태계 전체에 영향이 있을까?

알짜배기 과학 상식

이제는 볼 수 없는 동물들

멸종이란 어떤 한 종류의 생물이 완전히 사라지는 것을 말해. 예를 들면 여우라는 종류가 완전히 사라진다거나, 늑대라는 종류가 완전히 사라진다거나 해서 더 이상 볼 수 없게 되는 걸 뜻하는 거지.

멸종은 환경오염, 기후 변화, 생태계 파괴 등으로 인해 일어나게 된단다. 이미 전 세계의 많은 동물들이 멸종 위기에 놓여 있지.

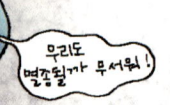

우리도 멸종될까 무서워!

멸종된 동물들은 정말 두 번 다시 볼 수 없게 되는 건가요?

그래, 안타깝지만 어쩔 수 없는 일이지. 예전에는 우리나라 논밭에 황새가 아주 많이 살았어. 그런데 농촌이 줄어들고 도시가 개발되면서 황새들이 살 자리를 잃게 되었지. 결국 황새는 모두 사라져 버렸단다. 이제 우리는 황새를 그림책에서나 볼 수 있게 됐지.

어떤 생물이 멸종되게 되면 주변에 아주 큰 영향을 미치게 된단다. 생태계는 아주 많은 동물들이 서로 먹고, 먹히고, 또

황새 멸종!

도움을 주고받으며 살아가는 곳이야. 그런데 어느 한 종류의 동물이 갑자기 사라져 버린다고 생각해 봐. 그 동물을 잡아먹고 살던 다른 동물들은 어떻게 될까? 그 동물에게 잡아먹혀야만 했던 동물들은 또 어떻게 될까?

그 동물을 잡아먹고 살던 동물들은 배가 고파질 거고, 먹이가 없어서 쫄쫄 굶게 되겠죠. 또 그 동물에게 잡아먹힌 동물들은 무서운 포식자가 없어졌으니까 무척 신이 날 테고요.

상위 계층의 포식자가 사라지면 하위 계층의 생물들은 개체가 한거번에 확 늘어나게 되겠지. 그러면 생태계의 균형이 깨지고, 이상 현상이 벌어지게 되는 거야.

한 종이 사라지게 되면 여러 종의 생활에 영향을 미치게 되는 거란다. 결국 사람에게도 큰 영향을 미치게 되겠지.

그럼 멸종을 막아야만 하겠네요!

그래. 그리고 동식물이 멸종 위기에 놓인 것은 사람의 영향이 크단다. 사람이 환경을 오염시키고, 동물을 마구 잡았기 때문에 이런 일이 일어난 거지.

2장
동물이 사는 환경과 먹이

01 더웠다가 추웠다가 못 살겠네!
동물은 어떻게 추위와 더위를 견딜까?

02 아프리카에 가고 싶어!
열대 우림과 초원은 왜 동물의 천국일까?

03 인어공주를 만날 테야!
바다엔 어떤 동물이 살까?

04 자두는 편식쟁이!
동물은 무엇을 먹을까?

05 우리 집 먹이 사슬
먹이 사슬이란 무엇일까?

06 불가사리는 어떻게 먹이를 먹을까?
바다의 포식자, 불가사리

[동물의 생활]

더웠다가 추웠다가 못 살겠네!

옆집 강아지 뽀삐는 더위도 안 타고, 추위도 안 탄다.
뽀삐는 아무리 더워도 선풍기 바람을 쐴 필요가 없고, 아무리 추워도 개집에서 쿨쿨 잠만 잘 잔다. 그런데 사람은 왜 더워도 힘들고 추위도 힘든 걸까? 음, 가만 생각해 보니까 우리 엄마도 더위랑 추위를 안 타는 것 같다. 엄마는 아무리 더워도 에어컨을 안 틀고, 아무리 추워도 보일러를 안 트는 짠순이 아줌마니까! 그런데 동물은 어떻게 더위와 추위를 견딜까?

알짜배기 과학 상식

동물은 어떻게 추위와 더위를 견딜까?

사람이 지구 어디든 사는 것처럼 동물도 지구 곳곳에 살고 있단다. 그런데 사람은 추우면 불을 때고, 더우면 선풍기를 틀 수 있으니 어디에서든 살 수 있다지만 동물들은 너무 덥거나, 추운 곳에서 어떻게 살아갈까?

동물 역시 환경에 적응하며 살아간단다. 하지만 동물이 환경에 적응하는 방법은 사람처럼 다양할 수는 없겠지?

> 손을 마음대로 쓸 수도 없고, 기계를 이용할 수도 없으니 아무래도 더 힘들겠죠.

> 그래서 동물들은 자신의 생김새를 바꾼다거나, 몸의 기능을 바꾸는 것으로 환경에 적응한단다.

여우를 예로 들어 볼게. 사막은 낮에는 아주 뜨거워. 그래서 사막에 사는 사막여우는 귀가 크지. 또 털이 가늘어. 왜냐하면 열을 몸 밖으로 잘 내보내기 위해서야. 그래야만

사막여우

> 그게 다 뭐야?

> 더위와 추위를 다 대비했어.

북극여우

더운 곳에서 살 수 있거든.

반대로 북극은 아주 춥지. 그래서 북극에 사는 북극여우는 귀가 작아. 털은 사막여우보다 훨씬 두껍고 빽빽하지. 왜냐하면 열을 몸 밖으로 빼앗기지 않기 위해서야.

이렇게 같은 여우라고 할지라도 사막여우와 북극여우는 생김새가 달라. 둘이 사는 곳의 환경이 전혀 다르기 때문이지.

북극여우처럼 극지방에 사는 동물들은 엄청난 추위를 견디기 위해서 아주 두꺼운 가죽과 털을 갖고 있어. 이것도 환경에 적응하기 위해서야. 지구의 양 끝인 북극과 남극 지역은 엄청나게 추운 곳이잖아. 그런 곳에 사는 북극곰, 펭귄, 바다코끼리, 범고래 등은 추위에 잘 견디기 위해 몸에 많은 지방을 축적하고 있단다.

아주 더운 곳에 사는 동물로는 낙타, 다람쥐, 사막꿩, 도마뱀, 낙타, 지네 등이 있단다.

[초원에 사는 동물]

아프리카에 가고 싶어!

선생님께서 사람은 동물이라고 가르쳐 주셨다. 그런데 얼마전에 텔레비전에서 '아프리카는 동물들의 천국입니다.'라고 말하는 걸 들었다.

그래서 선생님께 천국에 가려면 교회에 가는 대신 아프리카에 가면 되는 게 아니냐고 물었는데 아무 대답도 않으셨다. 대신 한참 동안 낄낄낄 웃기만 하셨다. 그런데 왜 아프리카를 동물들의 천국이라고 하는 걸까?

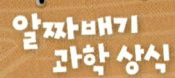

열대 우림과 초원은 왜 동물의 천국일까?

아프리카 하면 초원을 떠올리겠지만, 사막도 있고 밀림과 늪지도 있단다. 아프리카 같은 곳에 있는 밀림을 '열대 우림'이라고 하는데, 이곳은 연평균 기온이 약 26℃ 정도로 높고, 기온의 연교차가 2℃ 정도밖에 안 되는 곳이란다.

아프리카는 태양의 고도가 가장 높은 지역이니까 몹시 더울 것 같겠지만, 대지가 늘 축축한 상태이기 때문에 오히려 사막보다 무덥지 않아. 또 비가 자주 내리는 편이어서 상대적으로 더위를 덜 느끼게 되지.

> 아프리카 하면 뭐가 제일 먼저 떠오르니?

> 진흙이 가득한 물웅덩이에서 목욕하는 코끼리요!

> 그래, 코끼리나 하마, 물소, 사슴, 영양처럼 덩치가 큰 동물들은 물웅덩이에 들어가서 더위를 식히지.

시원한 비!

먹어도 먹어도 자라는 풀!

이렇게 동물들이 물웅덩이에서 목욕을 하는 건 피부의 열을 식혀 주기 위해서란다. 사람처럼 땀을 뻘뻘 흘려서 몸의 기운을 조절할 수 없는 동물들은 후덥지근한 열대 우림에 적응하기 위해서 수시로 목욕을 하는 거래.

후덥지근한 날씨가 계속되는 열대 우림 지역의 나무들은 키가 무려 40~60m에 이를 정도로 크다고 해. 키가 큰 나무, 작은 나무, 거대한 넝쿨 식물이 무성하게 자라서 사람이 함부로 들어가기 힘들 정도로 울창한 숲을 이루고 있지. 그 숲에는 극락조나 앵무새와 같은 아름다운 깃털을 지닌 새는 물론이고 덩치 큰 오랑우탄, 침팬지 같은 영장류, 악어와 크고 작은 물고기, 하마, 치타, 표범 등 여러 가지 동물들이 살고 있단다.

초원은 풀밭이 넓게 퍼져 있는 들판을 말해. 이곳에는 초식 동물들이 떼를 지어 다니지. 얼룩말, 코끼리, 기린 등 풀과 나뭇잎을 먹고 사는 동물들 말이야.

아, 사자나 표범, 치타, 하이에나 같은 육식 동물들이 초원에 사는 이유는 먹잇감이 풍부해서군요?

빙고!

넘치는 고기들~!

으악! 난 고기가 아냐! 난 자두라고, 자두!

[바다에 사는 동물]

인어공주를 만날 테야!

아빠가 오랜만에 바닷가로 놀러 가자고 했다. 나랑 미미는 신이 나서 준비를 했다. 인어공주한테 줄 목걸이도 챙기고, 속옷도 챙겼다. 긴 머리를 빗겨 줄 빗도 따로 챙겼다. 그런데 엄마가 우리가 가는 바닷가에는 인어공주가 살지 않는다고 말씀하셨다. 막상 바다에 가 보니 물고기랑 소라, 불가사리 같은 것밖에 보이지 않았다. 동화책에는 바닷가에 틀림없이 인어공주가 살고 있다고 했는데, 어디로 이사라도 간 걸까? 그렇다면 바다엔 누가 살까?

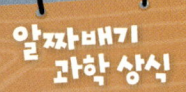
알짜배기 과학 상식

바다엔 어떤 동물이 살까?

바닷속에도 다양한 동물과 식물이 살고 있단다. 학자들은 육지보다 바다에 훨씬 많은 종류의 동물이 살고 있을 거라고들 하지. 각종 물고기, 소라, 조개 등의 연체동물, 강장동물 그리고 편형동물 등의 종류를 다 세어 보면 아마 육지보다 훨씬 다양할 거야.

짠, 산호는 식물 같아 보이지만 엄연한 동물이란다.

예쁜 바다 풀이 아니라 동물이라고요?

산호는 강장동물로 분류된단다.

말미잘도 식물 같아 보이지만 동물에 속하지. 말미잘은 흔들리는 촉수로 먹이를 잡아먹거든. 해파리도 강장동물이야.

어류는 바다에 사는 바닷물고기와 민물에 사는 민물고기로 나눌 수 있는데, 바닷물고기는 말 그대로 바다에 사는 물고기를 말하고 민물고기는 강이나 연못, 호수에 사는 물고기를 말해. 메기, 잉어, 붕어 등이 민물고기에 속하지.

[동물의 먹이]

자두는 편식쟁이!

8월 16일 화요일

동물은 초식 동물이랑 육식 동물, 그리고 잡식 동물로 나눌 수 있다고 했다. 그런데 나는 아무리 생각해 봐도 육식 동물인 것 같다. 나는 시금치나 콩나물이 정말 싫다. 아무리 먹어도 맛이 느껴지지 않는다. 대신 갈비나, 삼겹살, 치킨, 족발은 정말 맛있다. 먹기만 하면 입안에서 사르르 녹는 것 같고 맛있어서 어깨가 들썩들썩, 춤이 춰질 정도로 신이 난다. 나는 육식 동물이 틀림없는 것 같다. 그런데 왜 동물은 고기나 풀, 한 가지 종류만 먹는 걸까?

동물은 무엇을 먹을까?

대부분의 동물은 편식쟁이란다.

풀을 먹는 동물들은 주로 풀만 먹고, 고기를 먹는 동물들은 주로 고기를 먹고 살지. 그래서 주로 무엇을 먹느냐에 따라 동물을 나누기도 한다.

육식 동물은 고기를 주로 먹는 동물이야. 자기보다 작거나 힘이 약한 동물을 잡아먹고 살지. 육식 동물은 다른 동물을 잡아먹기 위해 이빨이나 발톱이 매우 날카롭게 발달해 있고 행동이 빠르지. 고기를 주로 먹기 때문에 소화 기관이 아주 튼튼한 편이기도 해. 육식 동물의 대표적인 동물로는 호랑이, 사자, 표범 등을 꼽을 수 있어. 독수리나 부엉이 같은 새도 육식 동물이지.

초식 동물은 풀이나 나뭇잎, 열매 등 주로 식물을 먹고

살아. 나뭇잎이나 풀에는 섬유소가 많이 들어 있어서 소화를 시키기가 어려워. 초식 동물들은 섬유소를 잘 소화시키기 위해서 위나 장이 아주 발달해 있는 편이지.

풀만 먹고 사는 초식 동물은 몸집이 작고, 힘이 약할 거로 생각하는데, 의외로 크고 힘이 센 동물도 많단다.

 생각해 봐, 코끼리와 같이 덩치가 큰 동물 중에도 초식 동물이 있어.

아, 소랑 말도 초식 동물이네요! 초식 동물도 힘이 센 동물이 많구나.

잡식 동물은 동물이나 풀, 열매 등을 가리지 않고 먹어치우는 동물을 말해. 사람을 비롯해 개, 고양이, 멧돼지 등이 잡식 동물이지. 닭이나 공작 역시 잡식 동물인데, 씨앗이나 과일은 물론 곤충, 뱀, 생쥐 등을 잡아먹고 살지.

[먹이 사슬]

우리 집 먹이 사슬

우리 집은 아빠가 1차 생산자이다.
아빠는 우리를 위해 열심히 일한다.

나와 미미, 애기는 아빠가 벌어온 돈으로 먹고,
입고, 쓴다. 그러니까 1차 소비자!

나와 미미, 애기는 이것저것 사 달라고
조르지만 결국 엄마한테는 꼼짝도
못한다. 그러니까 엄마는 2차 소비자!

하지만 우리와 엄마의 사랑 덕분에 아빠가 더 열심히,
열심히 일을 하니까 결국 아빠는 우리 덕분에
힘을 내게 된다.

8월 24일 수요일

아빠는 엄마한테 꼼짝도 못 한다. 마트에 가도 아빠는 마음대로 살 수 있는 게 없다. 아빠는 사고 싶은 게 있어도 엄마한테 허락을 받아야 한다. 몰래 샀다가는 엄마가 도끼눈을 하고서 "여보!" 하고 소리를 지를 것이다. 그러면 아빠는 얼른 "잘못했어!" 하고 사려던 물건을 제자리에 갖다 놓아야만 한다. 나랑 미미랑 애기도 마찬가지이다. 결국 우리 집의 대장은 엄마다. 엄마는 호랑이처럼 기운도 세고 성질도 사납다. 그런데 먹이 사슬 끝에는 뭐가 있을까?

알짜배기 과학 상식

먹이 사슬이란 무엇일까?

스스로 영양분을 만들어 내서 살아갈 수 있는 생물을 '생산자'라고 하지. 하지만 자기 혼자 영양분을 만들지 못하고 다른 것을 먹이로 삼는 생물도 있어. 그런 생물을 '소비자'라고 해.

생물 중에서 자기 스스로 먹이를 만들어 낼 수 있는 것은 모두 식물이야. 동물은 이런 식물을 먹이로 삼기도 하고, 다른 동물을 잡아먹기도 하지.

식물에서 시작해서 다른 동물의 먹이로 연결, 연결되는 것을 먹이 사슬이라고 해. 먹이 사슬은 피라미드 모양으로 생겼는데, 맨 아래에 있는 생산자를 1차 생산자라고 하지.

2차 소비자

1차 소비자, 즉 순한 동물을 먹고 살아. 사자 같은 맹수부터 사람도 들어가.

1차 생산자는 광합성을 해서 영양분을 만들어 내고, 다른 동물의 먹이가 되는 생물로 주로 녹색 식물을 말한단다.

분해자

무서운 2차 소비자부터 모든 생물은 죽으면 분해자가 땅으로 가져와.

그럼 1차 소비자는 무엇이에요?

1차 소비자는 1차 생산자가 만들어 낸 녹색 식물을 먹이로 하는 동물을 말해. 생산자를 먹는 첫 소비자이면서, 다른 동물의 먹이가 되는 동물이지. 주로 기린, 영양, 토끼 같은 초식 동물이 1차 소비자에 속해.

1차 소비자

1차 생산자, 즉 풀을 먹고 살아. 토끼, 돼지, 소 같은 순한 동물들이야.

2차 소비자는 1차 소비자를 먹는 동물들을 말해. 대부분의 육식 동물이나 잡식 동물이 포함되지. 사람 역시 2차 소비자에 속한단다.

1차 생산자와 1차 소비자, 2차 소비자가 죽으면 미생물이나 곰팡이, 세균, 지렁이 같은 분해자가 시체를 분해해. 분해자가 분해한 물질들은 아주 좋은 거름이 되어서 다시 1차 생산자를 키우는 영양분으로 쓰인단다.

결국 1차 생산자를 1차 소비자가 먹고, 1차 소비자를 또 2차 소비자가 먹고 그렇게 해서 죽으면 분해자가 분해해서 다시 1차 생산자의 거름으로 쓰고….

이렇게 끝없이 돌고 도는 것을 먹이 사슬이라고 한단다.

1차 생산자

우리가 흔히 보는 풀, 나무들이 모두 1차 생산자야.

[무서운 포식자]

불가사리는 어떻게 먹이를 먹을까?

엄마가 이상한 일이 생기면 불가사리하다고 말해서 나는 별 모양의 '불가사리'를 말하는 건 줄 알았다.

그런데 엄마가 말한 불가사리는 그 불가사리가 아니라 이해 안 되는 일을 말할 때 쓰는 '불가사의'라고 했다.

바다에 사는 불가사리는 자기랑 이름이 비슷한 불가사의 때문에 참 헷갈리겠다. 그런데 바다에 사는 불가사리는 어떤 동물일까? 그리고 불가사리는 입이 없는 거 같은데 어떻게 먹이를 먹지?

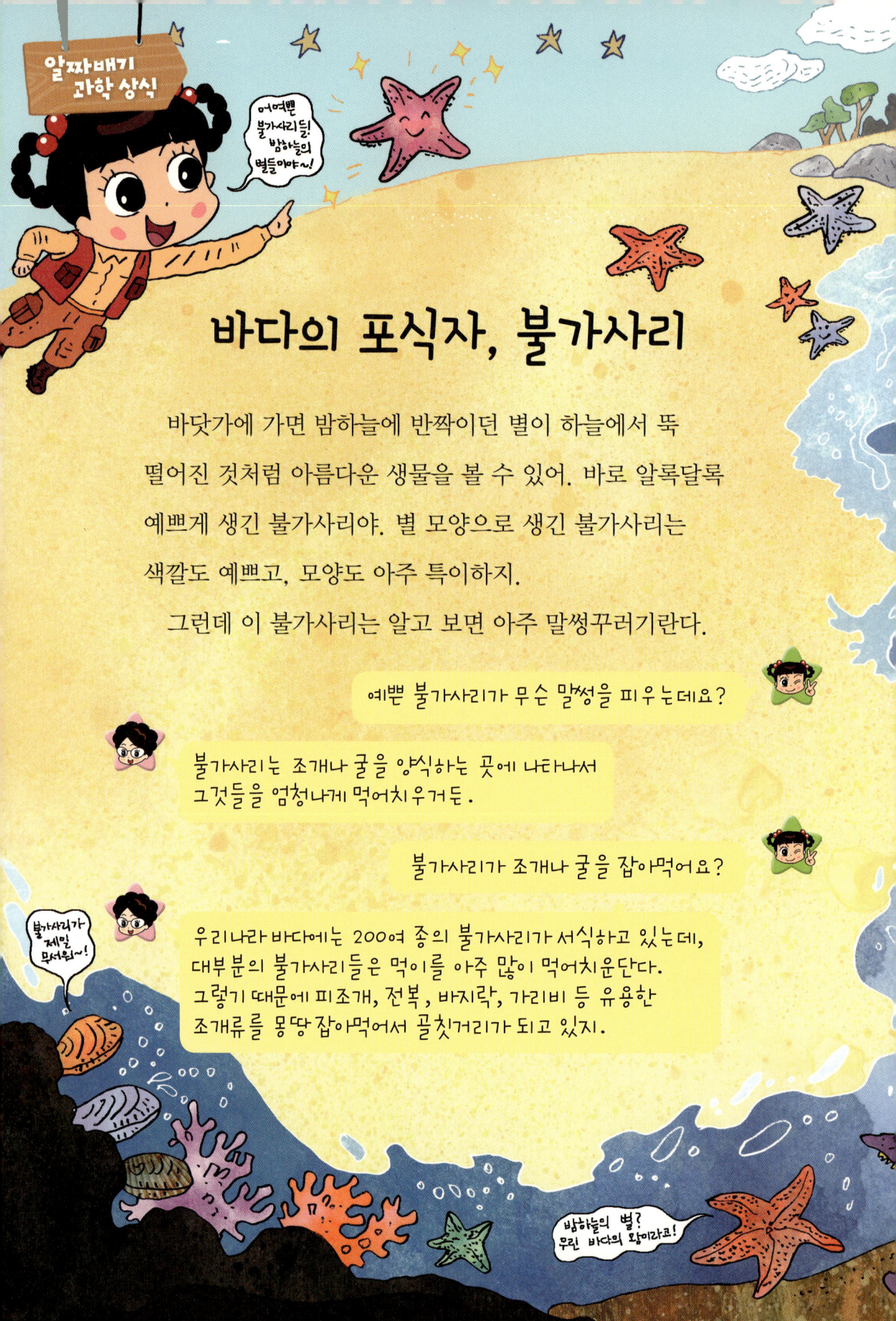

그런데 불가사리가 어떻게 조개류를 잡아먹는 거죠? 입도 없고 눈도 없는 것 같은데….

　불가사리는 자연계에서 가장 이상한 방법으로 먹이를 먹어. 조개나 굴 같은 먹이를 발견한 불가사리는 다리의 흡반을 이용해 먹이를 벌려 틈을 만든 뒤 입에서 위장을 밖으로 꺼낸단다.
　그러면 마치 바지에서 호주머니를 뒤집어 꺼내듯이 뒤집혀 나온 위장을 먹이 틈 속으로 집어넣어. 그리고 소화 효소를 분비해 먹이가 흐물흐물해지면 먹어서 소화시키지. 그러면 커다란 조개도, 가리비도 눈 깜짝할 사이에 없어지고 만단다.

불가사리는 생명력이 아주 강해서 영하 30도 이상에서도 버틸 수 있단다. 오죽하면 불가사리가 없는 바다는 더 이상 그 무엇도 살 수 없을 정도로 오염된 바다라는 말이 있을까.

아하! 그렇구나.

히히, 다 내 말이야!

으악!

덜덜.

3장 동물의 행동과 의사소통

01 동물들도 돕고 산다고?
협력하는 동물, 얹혀사는 동물

02 나한테도 무기가 있어!
동물은 어떻게 자기를 지킬까?

03 혀를 깨물어서!
독사가 자기 혀를 깨물면 어떻게 될까?

04 거미줄 때문이야!
거미는 왜 거미줄에 안 걸릴까?

05 애기의 신비한 능력
동물끼리는 어떻게 이야기할까?

06 우두머리 자두
동물들은 왜 우두머리를 따를까?

[공생과 기생]

동물들도 돕고 산다고?

민지는 나한테 숙제를 보여 줄 때마다 떡볶이를 사 달라고 한다. 나는 당연히 떡볶이를 사 주고 숙제를 베낀다. 내가 열심히 하는 것보다 민지한테 떡볶이를 사 주는 게 훨씬 편하기 때문이다. 이렇게 우리는 서로 돕고 산다.

그런데 얄미운 은희한테 딱 걸리고 말았다. 나는 은희가 선생님한테 일러바칠까 봐 조마조마했다. 은희가 우리를 악어와 악어새 같다고 했다. 그런데 악어새는 악어를 어떻게 도와줄까?

협력하는 동물, 얹혀사는 동물

동물이라고 항상 서로 먹고 먹히기만 하는 건 아니야. 동물끼리 서로 도우면서 살아가기도 하고, 다른 동물을 이용해 살아가기도 하지. 서로 도우면서 함께 사는 관계를 공생 관계라고 하고, 다른 동물에 얹혀서 이용하며 살아가는 관계를 기생 관계라고 해.

악어와 악어새는 공생 관계란다. 악어가 입을 쩍 벌리고 있으면 악어새는 악어 이빨 사이에 낀 찌꺼기를 먹어 주지.

악어는 양치질을 하지 않아도 깨끗한 이빨을 갖게 되겠네요? 나도 악어새가 와서 대신 양치질을 해 주면 좋겠다.

청소놀래기는 곰치의 몸속에 있는 기생충을 먹고 살아. 꽃이랑 벌도 공생 관계지. 벌은 꽃의 꿀을 먹고, 더듬이나

우리는 공생!

다리에 꽃가루를 묻혀 다른 꽃으로 날아가. 벌은 먹이를 얻고, 꽃은 그 덕에 열매를 맺을 수 있게 되지.

말미잘과 집게도 서로 공생을 해. 집게는 소라나 고둥 속에 들어가 사는데, 말미잘은 이 소라나 고둥 위에 붙어살지. 말미잘은 집게가 움직이면 같이 움직일 수 있어서 좋고, 집게는 말미잘의 촉수 때문에 적이 함부로 공격해 오지 않으니 좋고.

반대로 기생 관계는 상대방을 이용하는 거야. 기생하는 대표적인 동물로는 기생충을 꼽을 수 있지. 기생충은 동물의 몸속 특히 장 속에 살면서 영양분을 빼앗아 먹어. 벼룩이나 이 같은 벌레도 기생 동물 가운데 하나야.

[동물의 공격과 방어]

나한테도 무기가 있어!

5월 13일 토요일

윤석이는 우리 반 대장이다. 아무도 못 건드린다. 윤석이가 싸움을 잘해서 그런 게 아니다.

윤석이는 불리해지면 방귀를 뀌는데 그 냄새가 스컹크보다 더 지독하다. 냄새를 맡으면 모두 토할 것 같아서 도망치고 만다.

윤석이는 방귀를 뀔 때마다 "으하하! 나의 독가스 맛을 봐라!"라고 소리친다. 그럴 때마다 윤석이한테 정이 뚝뚝 떨어진다. 그런데 동물들도 이런 특별한 무기가 있을까?

알짜배기 과학 상식

동물은 어떻게 자기를 지킬까?

동물의 세계는 아주 살벌하고 냉정하단다.

힘이 없는 약한 동물은 힘센 동물에게 잡아먹히고 말아. 그래서 힘이 없는 동물들은 스스로를 지키기 위해 다른 동물들이 잘 찾지 못하게 몸을 변장하기도 하지. 동물은 자기를 보호하기 위해 몸 색깔을 바꾸는데 이것을 '보호색'이라고 한단다.

동물은 무조건 피하거나 숨기만 하지는 않아. 동물은 먹이를 얻기 위해서, 또는 적으로부터 자기 자신을 지키기 위해서 때때로 다른 동물을 공격해야만 하거든.

그런데 이때는 꼭 덩치가 크고 무기가 많은 동물만 이기는 게 아니란다. 작고 약한 동물들도 자기만의 방법으로 다양하게 공격을 해서 덩치 큰 동물들을 무찌르지.

사슴이나 황소 등은 뿔을 이용해 무시무시한 이빨을 가진 사자나 치타를 공격하기도 하고, 가시가오리는 등에 난 큰 가시를 이용해 자기보다 몇 배나 몸집이 큰 물고기를 공격해.

동물이 다른 동물을 공격하는 방법은 저마다 각양각색이란다. 어떤 동물은 무기를 잘 숨기고 있다가 적이 공격해 오면 그때 무기를 드러내기도 해. 가시복은 위협을 느끼면 몸을 공처럼 만든 후, 몸에 숨겨 놓았던 가시들을 모두 세우지.

목도리도마뱀은 머리 주변에다가 비늘 막을 숨기고 있다가, 적이 위협하면 비늘 막을 부채처럼 쫙 펼쳐 세워. 머리 주위에 부채 모양의 비늘 막이 서면 몸집도 커 보이고 무서워 보이지.

치, 나는 그런 거 하나도 안 무섭던데!

다른 동물들은 무서워해.

전기뱀장어나 전기가오리 등은 강한 전기로 적을 공격한단다. 평상시에는 약한 전기를 내보내다가 적이 공격하면 강한 전기를 내보내는 것이지.

[동물의 독]

혀를 깨물어서!

5월 23일 월요일

급하게 음식을 먹다가 혀를 깨물고 말았다.

미미가 내 팔을 깨물었을 때보다 더 아팠다. 너무 아파서 눈물이 찔끔 날 정도였다. 아파서 혀를 쑥 내민 채로 헉헉거리고 있는데 갑자기 궁금한 것이 떠올랐다. 독사가 나처럼 급하게 음식을 먹다가 실수로 자기 혀를 깨물게 되면 어떻게 될까?

설마 독사가 자기 혀를 깨물면 죽게 될까?

알짜배기 과학 상식

독사가 자기 혀를 깨물면 어떻게 될까?

만약 뱀에 물리면 어떻게 해야 할까? 제일 먼저 해야 할 일은 자기를 문 뱀이 독사인지 아닌지를 살펴봐야 해.

세상엔 약 2,500여 종의 뱀이 있대. 그중에 약 200종 정도가 무서운 맹독을 가진 독사이고, 나머지 뱀은 물려도 안전하단다. 그러면 독사인지 아닌지 어떻게 구분하는지가 궁금할 거야. 그건 이빨 자국을 보고 판단한단다. 독이 없는 뱀은 이빨 자국이 가지런한 편이지만, 독이 있는 뱀은 어금니가 아주 발달해 있어서 이빨 자국이 크게 난단다.

또 독사에게 물리면 통증이 아주 심하게 느껴지지. 보통 독이 없는 뱀은 따끔하고 아픈 정도이지만 독사에 물리면 물린 부위가 퉁퉁 부어오르고 숨이 가빠지기 시작하거든.

독사에게 물리면 우선 상처 부위에서 더 이상 피가 나지 않도록 응급 처치를 해 주어야만 해. 그리고 즉시 독사에게

물린 부분의 피를 입으로 빨아들였다가 뱉어 내 주어야만 하지. 그런데 이때 입속에 상처가 있는 사람은 절대 이런 행동을 해서는 안 돼. 그러면 독이 상처 속으로 들어가게 되거든.

독사가 실수로 자기 혀를 깨물면 어떻게 돼요? 자기 몸 속에 있던 독이니까 안전하려나?

아니. 만약 독사가 자기 혀를 깨물면 혈관 속에 독이 퍼져서 죽게 된단다.

그럼 독사는 실수로라도 혀를 깨물면 안 되겠네요.

재미있는 건, 독을 가진 뱀의 몸속에는 독을 해독하는 독도 함께 있단다. 그래서 비슷한 독을 가진 뱀끼리는 서로 물어도 독 때문에 죽지 않아. 다만, 독사가 자기 스스로 혀를 깨물었다면 독이 해독되기도 전에 바로 허파 속으로 들어가서 마비가 오거나, 호흡 곤란이 와서 죽게 될 가능성이 높지.

[거미줄의 비밀]

거미줄 때문이야!

우리 집 문 앞에 거미 한 마리가 나타났다. 거미는 밤새도록 열심히 줄을 타고 다니면서 거미줄을 만들었다. 아침에 보니까 제법 근사한 거미줄이 촘촘하게 만들어진 것 같았다. 그런데 내가 지나가다가 실수로 거미줄을 망가뜨리고 말았다.

밤새도록 힘들게 집을 지은 거미한테는 미안한 일이지만, 앞으로는 사람들이 다니는 길가에다가는 집을 안 지었으면 좋겠다. 그런데 거미줄에 걸린 거미도 있을까?

알짜배기 과학 상식

거미는 왜 거미줄에 안 걸릴까?

공원을 산책하다 보면 나뭇가지 사이에 크게 거미줄이 걸려 있는 걸 본 적이 있을 거야. 혹시 거미줄에 걸려서 발버둥 치는 곤충을 본 적 있니? 곤충들은 거미줄에 걸리면 꼼짝달싹하지 못하고 거미의 먹이가 되고 말지.

거미줄은 눈에 잘 띄지 않을 뿐만 아니라, 끈끈하고 잘 끊어지지도 않아. 거미줄에 걸리게 되면 몸부림을 치면 칠수록 거미줄이 온몸을 휘감아 들지. 그래서 한 번 먹잇감이 걸려들면 꼼짝하지 못하고 거미에게 잡아먹히게 되는 거란다.

그런데 거미는 거미줄에 걸리지 않나요? 다른 동물들은 걸려서 꼼짝도 못하는데 거미는 마음대로 거미줄을 왔다 갔다 하잖아요.

그건 거미가 거미줄에 대해 누구보다 잘 알고 있기 때문이지!

예쁜 곤충이 무슨 잘못을 했다고 그래. 꼼짝도 못하겠어.

거미는 배 속에 있는 실샘에서 실을 뽑아 거미줄을 만들어. 실샘에서 나온 실은 단백질로 되어 있는데 아주 얇고 가느다랗지만 끈적끈적한데다 강하기까지 하단다.

거미는 이 실을 이용해서 거미줄을 짜기 시작하지. 그런데 거미줄은 자세히 살펴보면 세로줄과 가로줄로 구분된다는 걸 알 수 있을 거야. 그런데 거미는 거의 세로줄은 밟지 않고 가로줄로만 다닌단다. 거미줄의 가로줄은 세로줄처럼 끈적거리지 않기 때문에 쉽게 이동할 수 있거든.

또 거미의 발에는 가늘고 빳빳한 털이 빽빽하게 나 있어서 거미줄과의 마찰을 줄여 주고, 끈끈한 점액이 다리에 묻는 걸 막아 준단다. 거미의 다리털에서는 지방질이 분비된단다. 이 물질은 거미의 다리를 매끌매끌하게 만들어 주지. 덕분에 거미는 끈적끈적한 거미줄을 밟고 다니면서도 자유롭게 움직일 수 있지.

[동물의 의사소통]

애기의 신비한 능력

내 동생 '애기'는 동물이랑 금방 친해진다. 옆집에 있는 사나운 강아지 밍키도 애기만 보면 꼬리를 살랑살랑 흔들고 머리를 쓰다듬어 달라고 한다.

애기가 멍! 하고 소리를 내면 밍키도 멍멍! 하고 맞장구를 친다. 꼭 둘이 말이 통하는 것 같다. 어쩌면 애기는 동물 말을 할 수 있는 건지도 모르겠다. 그런데 동물들도 서로 대화를 나눌까?

알짜배기 과학 상식

동물끼리는 어떻게 이야기할까?

사람이 서로 얘기를 하듯이 동물들끼리는 서로 얘기를 할 수 있어.

동물의 왕국을 보면, 가끔 맹수가 공격을 해 왔을 때 얼룩말이나 기린 떼들이 한꺼번에 쏜살같이 도망가는 것을 볼 수 있지. 그건 동물들이 자신들만 아는 신호로 위험을 알리기 때문이야.

 사람은 동물의 말을 알아들을 수 없나요? 고양이나 개의 말을 알아들을 수 있으면 좋을 텐데!

방법이 있지. 동물들은 소리로도 말을 하지만 몸짓으로도 말을 하거든. 그러니 몸짓만 봐도 동물들의 감정을 알 수 있단다.

 몸짓으로 말을 한다고요?

예를 들어서 고양이가 가구를 긁어놓는 것은 말썽을 피우려는 게 아니라 자기도 가족이라는 표시를 하는 거야. 고양이가 꼬리를 꼿꼿이 치켜드는 건 상대방을 적이라고 생각한다는 뜻이지. 개가 꼬리를 흔드는 건 친구를 하자는 몸짓이고.

동물들의 언어는 대부분 단순해. 동물들은 사람처럼 평소에 계속 말을 하는 게 아니란다. 필요할 때만 의사소통을 하지. 예를 들어 같이 사냥하고, 지낼 동료를 찾을 때, 짝을 찾을 때, 짝 앞에서 구애 행동을 할 때, 다른 수컷을 경계할 때 의사 표현을 하는 거야.

 어떤 동물은 냄새로 의사소통을 하기도 해.

냄새로 이야기를 한다고요?

 개가 집 밖에서 여기저기 오줌을 싸는 것을 예로 들 수 있지. 개는 오줌을 싸서 냄새를 퍼뜨리고, 그걸 다른 동물들에게 알리는 거야.

반딧불이는 꽁무니에 있는 빛으로 대화하는 특이한 동물이야. 짝을 찾을 때 반딧불이는 꽁무니에서 빛을 내지. 또 꿀벌은 엉덩이를 흔들며 공중에서 춤을 춰. 그건 꿀이 어디 있는지 알려 주는 특이한 행동이란다. 만약 꿀이 있는 곳이 100m 이내이면 동그란 원을 그리고 100m 이상이면 8자를 그리며 춤을 춘다고 하지.

동물의 서열

우두머리 자두

텔레비전에서 보니까 원숭이들은 우두머리를 정하면 무조건 명령에 복종한다고 한다. 원숭이들은 우두머리한테 맛있는 것도 먼저 갖다 바치고, 좋은 자리도 양보한다. 밥을 먹을 때도 우두머리가 먼저 먹고 나서 남은 것을 부하들이 먹어치운다고 한다.

원숭이를 보니까 괜히 부러워졌다. 나도 친구들 사이에서 우두머리가 되고 싶다. 그러면 맛있는 것도 더 많이 먹고, 숙제도 대신 해 달라고 시킬 수 있을 텐데! 그런데 동물들은 어떻게 서열을 정할까?

알짜배기 과학 상식

동물들은 왜 우두머리를 따를까?

원숭이끼리는 서열을 정해서 움직여. 원숭이 사회에서는 힘이 강한 원숭이가 우두머리가 되고 그다음 원숭이가 서열 2위인 부우두머리가 되지. 우두머리는 사냥을 명령하고, 적을 공격하거나 도망치게 하는 등 무리 전체를 움직이는 역할을 해.

원숭이들 사이에서 우두머리의 권위는 아주 대단한 것이란다. 만약 힘겨루기를 해서 새로운 원숭이가 우두머리가 되면 이전까지 우두머리를 하던 원숭이는 다른 곳으로 떠나야 할 정도라지. 원숭이뿐만 아니라 늑대나 기러기도 우두머리가 전체를 통솔하고 움직여.

사슴 무리는 나이가 제일 많은 암컷이 대장이 돼.

동물들도 나름대로 규칙이 있구나.

모두 모두 줄 맞춰서.

일하세, 일하세! 쉬지 말고.

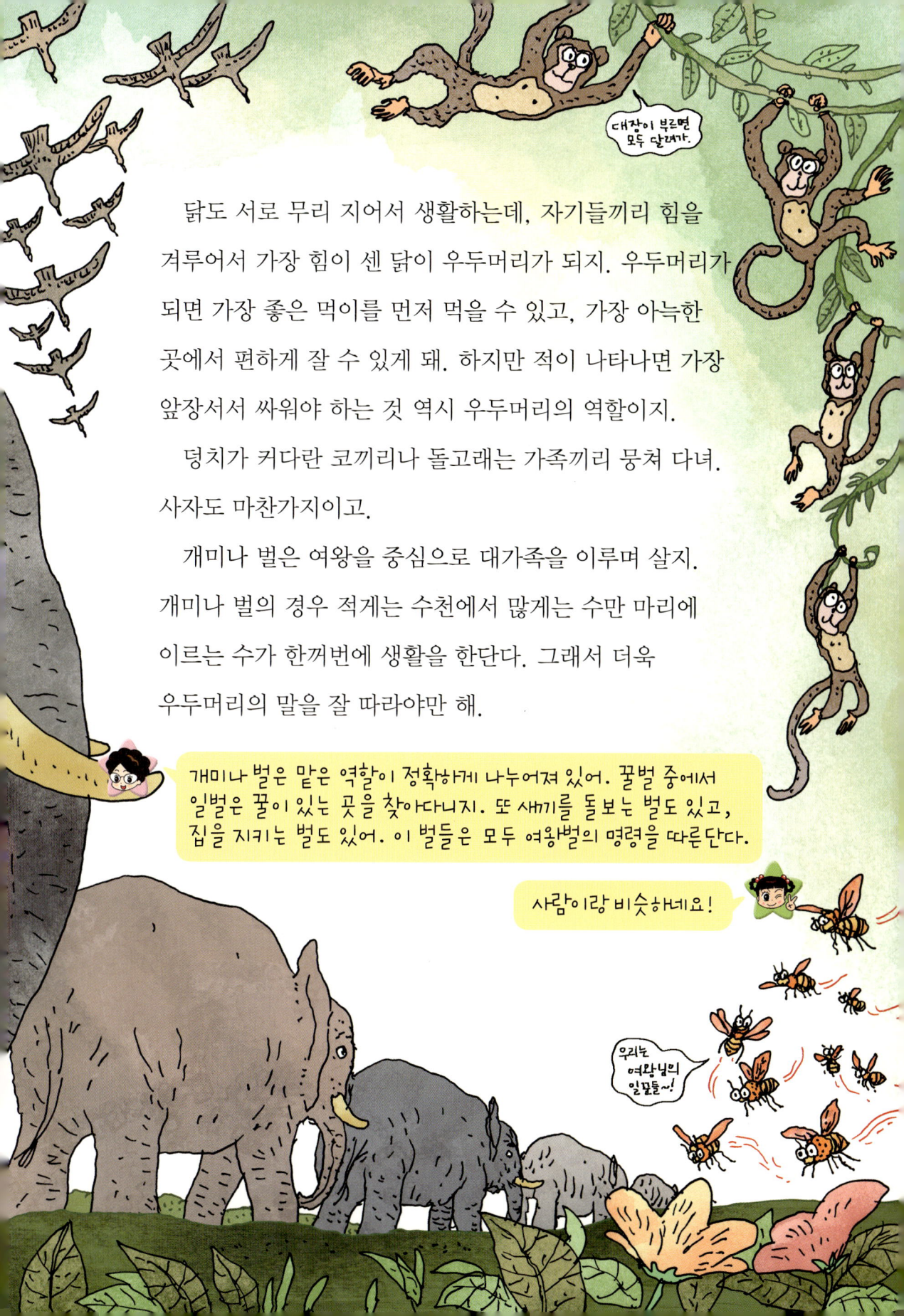

닭도 서로 무리 지어서 생활하는데, 자기들끼리 힘을 겨루어서 가장 힘이 센 닭이 우두머리가 되지. 우두머리가 되면 가장 좋은 먹이를 먼저 먹을 수 있고, 가장 아늑한 곳에서 편하게 잘 수 있게 돼. 하지만 적이 나타나면 가장 앞장서서 싸워야 하는 것 역시 우두머리의 역할이지.

덩치가 커다란 코끼리나 돌고래는 가족끼리 뭉쳐 다녀. 사자도 마찬가지이고.

개미나 벌은 여왕을 중심으로 대가족을 이루며 살지. 개미나 벌의 경우 적게는 수천에서 많게는 수만 마리에 이르는 수가 한꺼번에 생활을 한단다. 그래서 더욱 우두머리의 말을 잘 따라야만 해.

4장
생물의 진화와 짝짓기

01 딸기 VS 자두
동물은 언제 생겨났을까?

02 오리인 듯 너구리인 듯
오리너구리는 왜 그렇게 생겼을까?

03 이모의 결혼
동물은 어떻게 짝짓기를 할까?

04 왜 나만 물어!
모기가 좋아하는 사람이 따로 있어!

05 불쌍한 하루살이
하루살이는 정말 하루만 사는 걸까?

06 외국에서 왔다고?
생태계를 위협하는 외래종

동물의 탄생

딸기 VS 자두

4월 23일 토요일

딸기랑 싸웠다. 딸기는 세상 모든 것을 하느님이 만들었다고 했다. 하지만 내가 얼마전에 읽은 책에서는 세상 모든 것은 진화되었다고 했다. 나는 딸기의 말에 무조건 반대하며 내 말이 맞다고 우겼다. 딸기도 바락바락 자기 말이 맞다고 우겼다.

사실 나도 누구 말이 맞는 건지는 잘 모르겠다. 학자들도 100% 맞는 말이라고 우기지는 못한다고 했다. 그런데 지구에 동물이 처음 등장한 것은 언제일까?

알짜배기 과학 상식

46억 년 전

동물은 언제 생겨났을까?

지구는 지금으로부터 약 46억 년 전에 만들어졌다고 해. 엄청나게 오래되어서 셀 수도 없을 정도야. 그때 지구는 어마어마하게 뜨거웠어. 불덩어리 같았다고나 할까? 그런데 아주 오랜 시간이 지나면서 지구는 천천히 식었어. 그러면서 생명이 살 수 있는 환경이 만들어지기 시작했지.

지구에 생물이 태어난 것은 언제일까? 과학자들은 지금부터 38억 년 전이라고 보고 있어. 이때 태어난 생물은 아주 단순한 생물이야. 이 생물을 원시 단세포 생물이라고 불러.

그런데 이 작은 최초의 생물이 수십 억 년 동안 서서히 진화하면서 점점 복잡해지기 시작했어. 그리고 지금으로부터 6억 년 전, 세포가 모여 하나의 생명체를 구성하는 생물이 바닷속에 나타났지. 이 생물은 다세포 생물이라고 불러.

5억 년 전

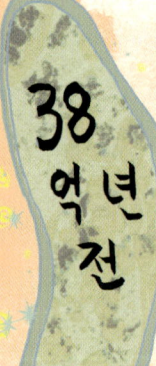

38억 년 전

우리들은 단세포!

지구에는 아주 많은 종류의 동물들이 살잖아요. 고양이, 코끼리, 물고기….

6억 년 전

우리들은 다세포!

3억 년 전

그렇지. 지구에는 다양한 동물들이 살아가고 있지.

그런데 지구의 많은 동물들이 모두 원시 단세포 생물에서 나온 건가요?

그래, 원시 단세포 생물이 지구의 모든 생명의 조상이라고 할 수 있어. 현미경으로 봐야만 볼 수 있을 만큼 아주 작은 생물이지만, 원시 단세포 생물이 없었다면 지구에는 지금처럼 다양한 생물들이 살 수 없었을 거야.

2억 년 전

아! 왜 바다에서 먼저 생물이 태어났냐고? 처음에 지구에서 땅은 생물이 살 수 없을 정도로 나쁜 환경이었어. 산소가 부족했거든. 그러다가 식물들이 광합성을 하면서 산소를 만들기 시작했어. 그때부터 생물이 바다에서 땅으로 올라와 살게 되었지.

5억 년 전쯤에 식물이 지구 전체에 자랐고, 절지동물과 여러 동물들이 출현하기 시작했지. 그리고 3억 년 전 무렵에 양서류가 등장했어. 땅에서도 살지만 언제나 물 가까이 생활해야 하는 동물들이야.

2억 년 전에 포유류가 나타났어. 새끼를 낳고 젖을 먹이는 동물이 포유류야. 그리고 1억 년 전 무렵에 조류가 등장했지.

1억 년 전

[오리너구리의 특징]

오리인 듯 너구리인 듯

5월 19일 목요일

책에서 오리너구리라는 동물을 처음으로 보았다. 오리너구리는 오리처럼 생겼지만 털이 있는 너구리이고, 너구리처럼 생겼지만 발에 물갈퀴가 달린 오리라고 했다. 그러니까 오리인 듯 아닌 듯 너구리인 듯 아닌 듯한 동물인 것이다. 그런 오리너구리를 보고 외롭겠다는 생각이 들었다. 박쥐가 동물하고도 친구가 될 수 없고, 새하고도 친구가 될 수 없는 것처럼 오리너구리한테도 친구가 없을 것 같아서이다. 그런데 오리너구리는 포유류일까, 조류일까?

오리너구리는 왜 그렇게 생겼을까?

오리너구리라는 동물을 본 적이 있니? 원래 오리너구리는 호주에만 살고 있는 동물이라서 사람들에게 널리 알려져 있지 않았지. 그런데 지난 2000년 시드니 올림픽의 마스코트가 되면서 사람들에게 널리 알려지게 되었단다.

재미있는 건 오리너구리가 포유류와 조류의 특징을 모두 가진 동물이라는 거야. 오리너구리는 부드러운 털을 갖고 있고, 새끼를 기를 때 젖을 먹여. 여기까지만 살펴보면 포유류의 특징을 모두 갖고 있다고 생각될 거야.

하지만 오리너구리는 신기하게도 알에서 태어난단다. 게다가 발에는 오리처럼 물갈퀴가 있고, 새처럼 넓적한 부리까지 가졌지. 알에서 태어난다는 것과 발이나 부리의 특징만 보면 새의 특징을 그대로 가진 조류라고 할 수 있지.

헉, 오리너구리의 정체가 뭘까요?

어떤 학자들은 오리너구리가 조류에서 포유류로 진화하던 동물이라고 하지. 하지만 또 어떤 학자들은 오리너구리가 파충류나 양서류가 진화한 것일 거라고 주장하기도 해.

오리너구리는 파충류의 특징, 양서류의 특징도 다 갖고 있어. 파충류인 뱀의 이빨처럼 날카롭고 뾰족한 발톱을 가졌거든. 그 발톱 속에는 무시무시한 독이 있어. 게다가 몸은 물에서 생활하기 편리하도록 유선형으로 되어 있으니 학자들이 그런 주장을 펼칠 만도 하지. 그런데 사실 오리너구리는 아주 오래전부터 있었던 동물이란다. 오리너구리는 공룡이 살았던 중생대 때부터 있었다고 해. 결국 어떤 동물이 오랜 세월 동안 진화되어 모습이 바뀐 게 아니라 원래 그렇게 생긴 특별한 동물이라는 거지.

[짝짓기와 번식]

이모의 결혼

5월 24일 화요일

얼마 전에 우리 이모가 결혼을 했다. 이모부는 결혼식을 할 때 아들딸 낳고 잘살겠다고 크게 소리쳤다. 그때는 그게 무슨 소린지 몰랐는데, 몇 달 만에 온 이모는 배가 남산처럼 불룩해져 있었다. 이모부의 말대로 아기를 만든 것이었다.

내가 이모더러 좋겠다고 했더니, 이모는 "너도 얼른 결혼해서 아기를 낳으면 되지."라고 말했다. 어른들은 아기를 낳으려고 결혼을 하는 것 같다. 그런데 왜 꼭 결혼을 해야 아기가 생기는 걸까?

동물은 어떻게 짝짓기를 할까?

동물은 대부분 암컷과 수컷으로 나뉘어 있단다. 일정한 때가 되면 암컷과 수컷은 서로 만나서 짝짓기를 하지.

여름이면 매미가 시끄럽게 울어서 잠을 설치는 일이 많아지잖니. 매미가 요란하게 우는 까닭은 짝짓기를 하기 위해서야. 수컷 매미는 암컷에게 '나 여기 있어요!'라는 뜻으로 시끄럽게 소리를 내며 울어대지. 그러면 그 소리를 들은 암컷 매미가 날아와서 서로 짝짓기를 하게 되는 거야.

짝짓기를 마친 동물은 일정 기간이 지나면 자손을 낳게 돼. 새끼를 낳는 경우도 있고, 알로 낳은 후 부화시켜 새끼로 키우는 경우도 있지. 동물 가운데 소나 돼지, 코뿔소, 코끼리, 개, 고양이 같은 포유류는 새끼를 직접 낳지만, 다른 동물들은 대부분 알을 낳아.

동물은 저마다 임신 기간이 달라. 보통 덩치가 큰 동물일수록 길고, 덩치가 작을수록 짧은 편이지.

코끼리는 새끼를 낳으려면 650일을 채워야 하지만 생쥐는 불과 21일 만에 새끼를 낳거든.

덩치가 크고 힘센 동물들은 보통 적은 수의 새끼를 낳고, 작고 약한 동물은 많은 수의 새끼를 낳는단다.

헉, 우리 엄만 덩치도 크고 힘도 센데 왜 나랑 미미, 애기를 줄줄이 낳은 거지요?

그건 아닌 것 같구나, 자두야. 덩치가 작은 동물이 자손을 많이 낳는 건 그만큼 적에게 잡아먹힐 가능성이 많기 때문이야.

동물은 종류에 따라 새끼를 키우는 방법도 다양하단다. 알에서 태어난 새끼는 알 속에 필요한 영양분이 아주 많아. 그래서 젖을 먹이거나 돌봐주지 않아도 충분히 살아갈 수 있지. 하지만 어미의 배 속에서 태어난 동물들은 배 속에서뿐만 아니라 태어나서도 얼마 동안 젖을 통해 영양분을 공급받아야만 해.

약할수록 많이 낳는구나. 새끼가 꼭 살아남도록!

[모기가 좋아하는 체질]

왜 나만 물어!

6월 17일 금요일

밖에서 놀다 보니 모기한테 다섯 방이나 물리고 말았다. 그런데 미미는 신기하게도 한 방도 물리지 않았다.

지난번에 할머니 댁에 갔을 때도 아빠랑 나만 모기한테 잔뜩 물렸었다. 아무래도 모기들이 미미는 싫어하고, 나만 좋아하는 것 같다. 모기들아, 나를 좋아해 주는 건 고맙지만 난 너희들이 싫단다. 그러니 제발 나한테 다가오지 말아 주렴. 그런데 모기가 좋아하는 사람이 따로 있을까?

알짜배기 과학 상식

모기가 좋아하는 사람이 따로 있어!

어떤 사람은 모기에게 잘 물리고, 어떤 사람은 모기한테 덜 물리지. 그건 모기가 좋아하는 사람이 따로 있기 때문이야.

대체 모기는 어떤 사람을 좋아하느냐고? 그걸 알아보기 위해서 과학자들은 아주 재미있는 실험을 한 적이 있단다. 모기를 모기장에다 가둬 놓고 발을 씻지 않아서 냄새가 나는 양말이랑, 발을 깨끗하게 씻어서 냄새가 잘 나지 않는 양말 두 짝을 던져 놓았지. 그랬더니 모기가 어떤 양말에 모여들었을 것 같니? 바로 발 냄새가 나는 양말에 모여들었다는 거야.

모기가 냄새를 잘 맡는 건가요?

모기는 후각이 아주 민감하게 발달해 있어서 특정 냄새가 나는 사람을 더 좋아한단다. 예를 들어서 술을 마신 사람과 술을 마시지 않은 사람 둘 중에서 술을 마신 사람이 모기에게 더 잘 물려. 술 냄새 때문에 모기가 모여들었기 때문이지.

우린 냄새를 맡고 모여들지.

아야야. 피곤해서 만 씻었더니 벌집이 됐네.

모기는 시력은 약하지만 후각이 발달해 있어서, 60m 떨어진 곳에서도 냄새를 맡을 수 있다고 해.

또, 과학자들은 O형 혈액형을 가진 사람이 다른 혈액형을 가진 사람보다 모기에 두 배나 더 잘 물린다는 것을 밝혀냈어.

O형 혈액에 100마리를 풀어 놓았더니 무려 84마리의 모기가 달라붙었어. 그런데 A형, B형, AB형 혈액에 각 100마리씩 풀어 놓았더니 40여 마리의 모기밖에 달라붙지 않았지. 모기들이 O형을 좋아하는 건 확실했어. 하지만 과학자들은 왜 그런지 이유를 알아내지는 못했어.

여름에는 제대로 씻지 않으면 피부 세균과 땀이 반응해서 특정한 냄새를 만들어 내. 그 냄새는 사람의 코로는 맡기 힘들지만 모기에겐 아주 강하게 느껴지지.

우리 아빠가 모기에 잘 물리는 이유가 있었구나!

[동물의 한살이]
불쌍한 하루살이

7월 6일 수요일

하루살이는 목숨이 하루밖에 안 된다고 해서 하루살이라고 한다. 그 말을 들으니 무척 슬퍼졌다. 내가 만약 하루밖에 못 산다면……. 학교도 다녀야 하고, 만화영화도 봐야 하고, 게임도 해야 하고, 친구랑 만나서 놀기도 해야 하고, 맛있는 것도 먹어야 하고, 잠도 자고, 놀이동산에도 가고 싶을 텐데. 과연 그걸 한꺼번에 다 몰아서 할 수 있을까? 나는 하고 싶은 게 많아서 더 살게 해 달라고 싹싹 빌 것 같다. 그런데 하루살이는 정말 하루만 살까?

하루살이는 정말 하루만 사는 걸까?

하루살이는 하루만 살다가 죽는 곤충이 아니야. 하루살이가 하루밖에 못 산다고 생각하기 쉽겠지만, 실제로는 1~2년을 산단다. 어떤 것은 30년 이상을 사는 것도 있지.

어떻게 그러냐고? 하루살이가 날개를 가지고 날아다니는 성충이 되어 살 수 있는 시간은 아주 짧아. 하지만 알이나 번데기인 상태로 땅속에서 사는 시간을 다 합치면 1~2년이 넘는단다. 사람들은 대개 하루살이가 아침에 태어나서 저녁에 죽는 곤충이라고 생각하는데, 실제로 하루살이는 땅속에서 애벌레 형태로 몇 년 동안 참고 기다린단다.

겨우 다 자라서 하루밖에 못 사는 거예요?

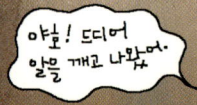 

"우리가 얼마나 바쁜지 모르는군…"

"나 어때?"

"글쎄~ 생각 좀 하고…"

"짝을 찾아라~!"

매미 같은 경우가 대표적이겠구나. 매미는 성충이 되기 위해 애벌레인 채로 짧게는 1년, 길게는 몇십 년을 기다리잖니. 그리고 일주일 정도 살다가 죽게 되지.

"드디어 하늘로."

애벌레에서 성충이 된 하루살이는 단 몇 시간 안에 짝짓기를 해내야만 해. 그래야만 알을 낳고, 번식을 할 수 있을 테니까. 알에서 태어난 하루살이는 애벌레인 상태로 1~2년 정도를 땅속에서 산단다.

그러면서 여러 번 허물을 벗고, 벗고, 벗어서 마침내 성충이 되면 아무것도 먹지 않고 날아다니며 짝짓기를 하지. 그리고 나서 자기 수명을 다하고 죽는 거란다.

"왜 아무것도 먹지 않아요?"

하루살이는 입이 퇴화되어서 먹이를 먹을 수 없단다. 하긴, 먹이를 먹을 시간이 있다 하더라도 빨리 짝짓기를 끝내야 하니 마음껏 먹을 시간조차 없겠지만.

"악, 난 단 하루를 살더라도 먹고 싶은 건 실컷 먹을 테야."

"1년이 또 머 지났어 그럼… 이제…."

[외래종]

외국에서 왔다고?

7월 23일 토요일

식인 물고기 피라니아가 우리나라에 들어왔다는 뉴스를 보았다. 이제 우리나라에서도 물놀이를 하다가 식인 물고기에게 잡아먹힐 수도 있다는 것이었다. 아빠한테 외국에 사는 식인 물고기가 어떻게 우리나라까지 온 것이냐고 물었더니, 사람들이 그걸 키우려고 데리고 왔다가 그냥 버렸기 때문이라고 했다. 무책임한 사람들 때문에 신나는 여름 방학 물놀이가 엉망이 되면 어떡하나 걱정이 된다. 그런데 외래종은 무조건 나쁜 것일까?

생태계를 위협하는 외래종

황소개구리는 우리나라 자연 생태계를 파괴하는 외래종 가운데 하나란다. 외래종은 우리나라와는 생태계 환경이 전혀 다른 나라에서 들어온 외국의 동물을 말하는 거야.

원래 동물들은 다른 먼 지역까지 옮겨가려고 하지 않지. 커다란 산맥, 깊은 강과 바다가 앞을 가로막고 있으니까 가고 싶어도 갈 수 없을 거야.

하지만 사람들의 교통수단이 발달함에 따라서 동물들이 가끔 이동하는 차량이나 물건에 딸려오는 경우가 있어. 또, 사람들이 일부러 다른 나라에 살고 있는 동물을 우리나라로 가져와서 무분별하게 풀어 놓는 경우도 있지.

이런 외래종은 우리나라의 환경에 정착하면서 많은 문제를 일으켜. 외래종 가운데 우리나라의 환경에 적응하지 못한 것들은 쉽게 죽어 버리니 문제가 되지 않겠지. 그런데 적응력이 강하고 생명력이 강한 것들은 토종 생물을

밀어내고, 새로운 생태계를 만들어 버린단다. 바로 이런 점이 큰 문제가 되는 것이지.

 황소개구리가 문제가 되는 이유는 주변의 물고기뿐만 아니라 같은 개구리까지 잡아먹기 때문이야. 개구리는 원래 학이나 두루미, 잉어나 커다란 물고기에게 잡아먹혀야 하는데 오히려 이 개구리가 그것들을 잡아먹어 버리면 어떻게 되겠니?

생태계가 파괴되고 심각한 혼란이 오겠죠.

외래종은 토종 생물들을 밀어내고 널리 퍼져 있어. 이것들이 생태계의 질서를 유지하고 살아 주면 좋으련만, 오히려 생태계의 균형을 파괴하기 때문에 큰 문제가 되는 것이지.

우리가 흔히 청설모라고 부르는 다람쥐인 '청서'는 외래종으로 알고 있는데, 그건 아니야.

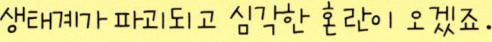

경제를 놀이처럼 쉽고 재미있게!
스마트한 세 살 경제 습관이 여든 간다!

아빠가 알려 주는 경제 이야기

부자가 되고 싶다고요?
자유롭게 돈을 쓰면서 살고 싶다고요?
《태토의 부자 되는 시간》에는
부자가 되는 비밀이 들어 있어요!
똑똑한 경제 동화가 미래의 나를
부자로 만들어 줄 거예요!

경제동화 1 《태토의 부자 되는 시간》

돈으로 돈을 번다고요?
세계 최고의 투자자들이 말한 '자는 동안에도
돈을 버는 방법'은 무엇일까요?
본격적으로 부자가 되는 방법을 배우기 위해
태토가 세계 최고의 투자자들을 만났습니다.
태토는 그들에게서 무엇을 배웠을까요?

경제동화 2 《태토가 만난 주식 부자들》

어른도 아이도 재미있는 경제보드게임
미래의 부자를 꿈꾸며 재미있는 게임 한 판!

www.haksanpub.co.kr (주)학산문화사 문의 02-828-8962